TRÈS RICHE MOBILIER

MARBRES

BRONZES, OBJETS D'ART

PORCELAINES, FAIENCES

Riches Tentures, Glaces, Tapis

VENANT D'UN CHATEAU DE PROVINCE

HOTEL DROUOT, SALLE N° 1

Les Lundi 26 et Mardi 27 Novembre 1894

A DEUX HEURES

COMMISSAIRE-PRISEUR	EXPERT
M° PAUL AULARD	**M. VANNES**
6, rue Saint-Marc, 6	54, Faubourg-Montmartre, 54

EXPOSITION PUBLIQUE

Le Dimanche 25 Novembre 1894, de 2 heures à 5 heures 1/2

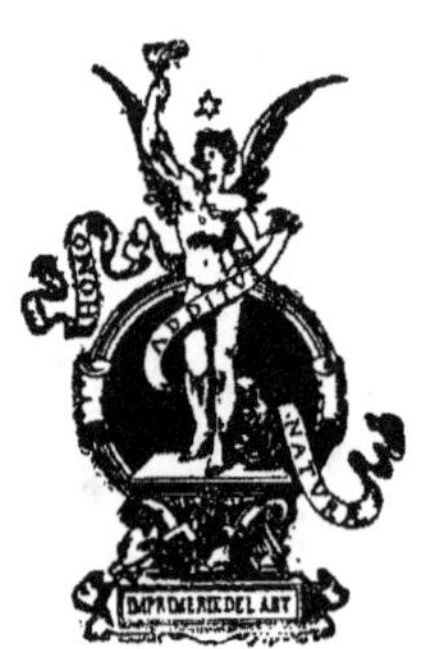

CATALOGUE

D'UN

TRÈS RICHE MOBILIER MODERNE

VESTIBULE

SALLE A MANGER

DE STYLE RENAISSANCE

Boiseries, Siéges, Table, Vitrine

CHEMINEE MONUMENTALE EN PIERRE

SALONS

DE STYLE RÉGENCE ET ORIENTAL

Beaux Siéges — Tentures — Tables — Consoles — Gaines
Meubles couverts en tapisserie

CHAMBRES A COUCHER

De style Renaissance en ébène incrusté d'ivoire gravé, et en acajou

MARBRES

Statues, Cheminée orientale, Vaste Jardinière, Colonnettes, Gaines

IMPORTANTS BRONZES

DE BARBEDIENNE ET DE CROZATIER

Par Paul Dubois, Falguière, Fouchères, etc.

Lampadaires, Lustres, Importante garniture de cheminée, Torohéres
Suspension, Appliques, Galeries de cheminée, Lampes

BRONZES DIVERS

OBJETS D'ART

PORCELAINES — FAIENCES

TABLEAUX

Riches Tentures — Glaces — Tapis

Provenant d'un Château de province

HOTEL DROUOT, SALLE N° 1

Les Lundi 26 et Mardi 27 Novembre 1894, à 2 heures

COMMISSAIRE-PRISEUR	EXPERT
Mᵉ PAUL AULARD	**M. VANNES**
6, rue Saint-Marc, 6	54, Faubourg-Montmartre, 54

Chez lesquels se distribue le présent Catalogue

EXPOSITION PUBLIQUE

Le Dimanche 25 Novembre 1894, de 2 heures à 5 heures 1/2

CONDITIONS DE LA VENTE

Elle sera faite *expressément* au comptant.

Les acquéreurs payeront en sus des enchères *cinq pour cent.*

L'exposition mettant le public à même de se rendre compte de l'état des objets, aucune réclamation ne sera admise une fois l'adjudication prononcée.

Paris. — Imp. de l'Art, E. Moreau et Cie, 41, rue de la Victoire.

DÉSIGNATION DES OBJETS

VESTIBULES ET ESCALIER

1 — **Barbedienne.** Paire de grands lampadaires formés par des statues de femmes debout, drapées et coiffées à l'antique ; de l'un de leurs bras nus elles tiennent élevé au-dessus de leur tête un bouquet de lumières. Ces pièces de grand vestibule sont de PAUL DUBOIS et de FALGUIÈRE. — Hauteur, 2 mètres ; largeur du socle, 46 centimètres.

Ces statues sont posées sur deux vases en bronze formant socle.

2 — MARBRE. Jeune enfant en marbre blanc, vêtu d'une courte chemisette ; il demande pardon de ses petites mains jointes.

3 — MARBRE. Fillette en marbre blanc faisant le pendant du précédent, vêtue également d'une courte chemisette ; sa figure est moqueuse et de sa menotte elle fait les cornes à son petit frère.

4 — MARBRE. Autre statue d'enfant en marbre blanc, debout, vêtu d'une courte chemisette, les jambes nues ; de sa main droite il place une fleurette dans ses cheveux. Signée *Bessi*.

5 — BRONZE. Joli lustre en bronze doré de style Louis XVI.

6 — Autre lustre semblable.

7 — Deux grands vases à collerettes en porcelaine de Chine, de forme balustre ; les panses sont décorées de cartouches à personnages.

8 — Paire de socles de la Chine sculptés et ajourés, en bois de Teck.

9 — Deux jardinières en osier doré.

10 — Deux potiches en faïence montées sur leurs socles en bois de fer de la Chine.

11 — Porte-parapluies et porte-manteaux de style Renaissance, en cuivre poli, décoré de mascarons et de serpents volutés autour de colonnettes ; une glace forme le fond.

SALLE A MANGER

12 — Cheminée monumentale en pierre, style de la
Renaissance. Les montants sont formés de deux
cariatides en haut-relief se fondant à mi-corps
sur deux motifs en forme de gaines à mufles de
lions ; au-dessus de leurs têtes deux colonnettes
à chapiteaux forment l'avancé de l'architrave
décorée d'un écusson chiffré, et de moulures. La
partie supérieure, formant la hotte, est faite d'un
grand cartouche cerclé de fleurs alternées de
coquilles, et entouré d'entrelacs ; aux coins, à
droite et à gauche, deux cornes d'abondance
regorgent de fruits.

Le centre du cartouche est décoré d'un grand
médaillon en bronze de chez Barbedienne, reproduction tirée du baptistère de Florence. Le
bandeau, sous l'architrave, est en tapisserie à
fleurs en application.

13 — Paire de grands landiers en fer forgé de style
Renaissance.

14 — Pelles et pincettes en fer forgé. Style de la
Renaissance.

15 — Importante boiserie de la salle à manger ; elle
est composée de dix panneaux reliés par des pi-
lastres et de deux portes en chêne ; chaque

panneau mouluré est sculpté en plein et au centre de motifs et de scènes à personnages dans le goût de la Renaissance, ainsi que les portes. Une large frise à moulures et sculptée d'acanthes termine cette boiserie.

Au-dessus de l'une de ses parties repose en avancée sur des consoles sculptées en ronde bosse un vaisselier de forme architecturale.

16 — Grande table en chêne de style Renaissance, montée sur quatre pieds balustres à godrons, reliés entre eux par deux arcatures et une entretoise à moulures. Chaque plate-bande est sculptée de deux modillons.

17 — Dix-huit chaises, forme X à dossiers, de style Renaissance, pieds à griffes de lion, couvertes en cuir frappé et gaufré.

18 — Deux dressoirs sur pieds balustres cannelés, de style Renaissance.

19 — Important meuble-cabinet en chêne, vitré sur la face et les côtés ; l'embase, sculptée et moulurée, supporte deux cariatides de femmes drapées et formant l'avancé ; au-dessus de la frise, à droite et à gauche, deux caissons ajourés forment cabinets surmontés au fond par un fronton à motifs sculptés.

20 — *Barbedienne*. Grand et beau lustre de salle à manger, en bronze doré et patiné, formé par une lampe centrale, deux lampes de côté attenantes à la galerie, et de trente porte-bougies.

21 — Grand paravent à quatre feuilles en bois de shitan impérial, incrusté en ivoire, nacre et burgau de personnages représentant des scènes de la vie japonaise, d'oiseaux, d'arbustes et de fleurs ; l'encadrement est rehaussé de laque d'or.

22 — Dix grands plats en faïence italienne, de Castelli, Urbino, Castel Durante, etc. ; ils ont été acquis à l'Exposition de 1878, où ils figuraient comme spécimens de reproductions des faïences italiennes du XVIe siècle.
Ce lot sera divisé.

23 — Deux grands plats en émail cloisonné du Japon.

24 — Pièce de surtout en bronze doré et cristal.

25 — Huit tasses à thé en porcelaine de Sèvres surdécorée.

26 — Six tasses à café en porcelaine de Sèvres surdécorée.

27 — Quatre assiettes et un sucrier en Sèvres surdécorée.

28 — Jardinière en porcelaine de Vienne, montée
en bronze doré.

29 — Deux bouteilles en majolique.

30 — Deux amphores genre Campana.

31 — Un déjeuner en porcelaine de Vienne et son
écrin.

PETIT SALON

32 — Importante garniture de trois pièces en porcelaine de Saxe, composé de : Pièce de milieu, le
Triomphe de Vénus ; les pièces de côtés sont
formées chacune par trois cariatides de femmes
supportant une coupe ajourée à couvercle ; le
tout décoré en relief de fleurs, de fruits et
d'oiseaux.

33 — Écran en bois de fer de la Chine, garni d'une
feuille de soie brodée au plumetis d'oiseaux et
de fleurs.

34 — Grande glace en porcelaine de Saxe, ornée
d'un médaillon : Amours en ronde bosse cer-
clée de fleurettes.

35 — Autre glace. — Hauteur, 2 mètres; largeur,
1 m. 50 cent.

GRAND SALON

36 — Très importante garniture de cheminée en
bronze doré et patiné, dessinée par FEUCHÈRES,
exécutée par CROZATIER.

Composée de :

Une pendule monumentale; sur l'embase à volutes et rocailles sont assis et accotés deux gros
amours en bronze patiné, ils sont surmontés d'un
cartel ajouré entouré de feuillages, de fleurs et
de chicorées.

Quatre grandes torchères faites chacune d'un
amour assis sur une embase ajourée, à volutes
et têtes de mouton, et supportant une corne
d'abondance contenant des fleurs et des fruits,
du milieu desquels s'échappent en gerbe rocaille
onze branches de lumières.

Six belles appliques en bronze doré, de style
Régence, à cinq lumières chacune.

Deux chenets en bronze doré, formés de vases
flammés à têtes d'amours enguirlandées.

Nota. — Les pièces ci-dessus proviennent de la VENTE PON-
TALBA, faite en juin 1876, et portent sur le catalogue de cette
vente les numéros 60, 61 et 62. Ce lot sera divisé.

37 — Porte-pelle et pincettes en bronze doré, de chez *Barbedienne*.

38 — Jardinière monumentale de forme cintrée en avancée, faite de marbre blanc, de marbres de couleurs et de brèche sérancolin; l'avant-corps à forte rampe coquillée, se relie à droite et à gauche à deux belles gaines, dont les façades de marbre blanc sont décorées d'acanthes, de mascarons en ronde bosse et de doubles chapiteaux.

39 — Meuble de salon de style Louis XIV, en bois sculpté et doré, couvert en tapisserie d'Aubusson; les médaillons des dossiers sont tissés de tourterelles sur un nid de roses, entourées d'arabesques et d'entrelacs; les sièges sont à fleurs. Ce meuble est composé de : un canapé, quatre fauteuils et quatre chaises.

40 — Autre meuble de salon en bois recouvert; capitonné de brocatelle vieil or, se composant de deux canapés et quatre fauteuils de formes différentes.

41 — Deux décorations de croisées à draperies, en brocatelle vieil or avec galeries en bois sculpté et doré ; les rideaux sont doublés, molletonnés et passementés de soie.

42 — Sept panneaux de tenture en brocatelle vieil or.

43 — Importante et belle table de salon à quatre
faces, en bois sculpté et doré; les quatre pieds
sont faits de fortes cariatides de faunes et de
bacchantes supportant de leurs bras levés la
frise sculptée au centre d'un vaste mascaron
faunesque, de volutes, guirlandes et chutes de
fleurs; le bord supérieur de cette frise est godronné, le plateau est de marbre brèche sérancolin en forte épaisseur. L'entre-toise en arca-
ture, reliant les cariatides à griffes de lion,
supporte un gros vase forme balustre, godronné
et flammé.

44 — Importante console, en bois sculpté et doré de
même décor, de même style et de même exé-
cution que la table précédente — au-dessus du
plateau, est un rehaut à canaux supportant la
tablette en marbre sérancolin.

45 — Paire de grands vases, forme balustre, en porcelaine genre de Sèvres, décorés en double face
et sur fond gros bleu de médaillons à personnages. Les montures sont en bronze doré.

46 — Grande coupe en porcelaine de Vienne, décorée
de deux scènes mythologiques : le Triomphe de
Bacchus et l'Enlèvement de Proserpine.

47 — Les liens d'amour. Statue de femme en marbre blanc : elle est debout, nue, les mains enchaî-
nées par des fleurettes, a ses pieds liés par un

ruban, un gros amour joufflu contemple **sa** victime. Cette pièce a figuré à l'Exposition de 1878, où elle fut acquise ; elle est signée sur **le** socle : Malfatti, Milan 1878.

48 — MARGUERITE DE FAUST. Statue en marbre blanc, sur un socle hexagonal, elle est assise, la figure souriante ; elle porte à son cou un collier **de** perles qu'elle vient de trouver dans le coffret entr'ouvert et posé sur ses genoux.

49 — Deux colonnettes en onyx d'Algérie.

50 — LEMOINE (F.). 1688-1737). Belle peinture sur panneau parqueté, représentant le Couronnement d'Ariadne par Bacchus.

SALON ORIENTAL

51 — Importante cheminée en marbre et onyx de style oriental, faite en brèches de couleur, le centre de la frise est orné d'une plaque en émail français et les coins de deux têtes d'éléphants coiffées de lambrequins ; le dessus de la frise est à doucine et à gorge.

52 — Pendule en émail cloisonné de la Chine : éléphant caparaçonné sur socle, supportant un petit tambour à cadran, surmonté d'un oiseau.

53 — Garniture de foyer en émail cloisonné *de Barbedienne*.

54 — Joli lustre de mosquée en bronze doré de *Barbedienne*, à galerie, pendentifs et pendeloques, terminé par un dôme de minaret ajouré.

55 — Deux lampadaires en bronze argenté : femmes fellah sur piédouches cannelés, portant chacune un bouquet de six lumières.

56 — Grande glace orientale en bois, incrusté de nacre,

57 — Autre glace orientale, plus petite.

58 — Meuble de salon, bois recouvert en satin cerise, et peluche de soie bleue et vieil or composé d'un grand divan d'angle, de deux grands fauteuils, quatre plus petits et deux chaises ; le tout de forme et de décor varié.

59 — Tenture murale faite de cinq panneaux et deux dessus de porte en soie orientale, fond rouge, brodés et lamés d'or, appliqués sur peluche de soie bleue passementée.

60 — Deux tentures de croisée, à l'italienne, en peluche de soie bleue, reliées entr'elles par une draperie d'entre-deux, doublées, molletonnées et passementées de soie rouge et or.

61 — Petit bureau de dame de style Louis XV, en bois de fer sculpté et ajouré; les consoles sont formées par deux dragons; la galerie surmontant le bureau forme un petit cabinet à cinq tiroirs. Travail de l'Annam.

62 — Console d'entre-deux, avec tablette de marbre; de même style et de même provenance que le bureau.

63 — Table, forme guéridon, à dessus de marbre, le piétement et la galerie sont sculptés et ajourés. Travail de l'Annam.

64 — Étagère à trois tablettes et à galeries sculptées et ajourées.

65 — Grand et beau cabinet du Japon, en bois de fer, à parties laquées et dorées, sur son socle.

66 — Deux lampes en émail cloisonné de Chine, fond bleu.

67 — Deux drageoirs en émail cloisonné de la Chine.

68 — Deux vases, forme bambon, en faïence de Satzuma, ornés de fleurs en relief.

69 — Deux grands cornets en porcelaine d'Imari.

70 — Cabinet italien de style Louis XIII.

71 — Deux gaines torses garnies en peluche.

72 — Triptyque en ivoire représentant le Jugement de Salomon.

73 — Deux plaquettes en ivoire : portraits de personnages en costumes Louis XIII.

ANTICHAMBRE

74 — Table rectangulaire en certosine; le plateau est serti d'une plaque d'étain gravée d'une scène de bacchante. Travail italien, dans le goût du XVIᵉ siècle.

75 — Six escabeaux en certosine.

76 — Deux porte-torchères en bois sculpté et doré, faites de femmes drapées, la poitrine découverte, et debout sur des socles de style Renaissance.

77 — Quatre appliques en cuivre poli avec glaces.

78 — Deux brûle-parfums à couvercles, en bronze. Travail chinois.

79 — Deux vases, forme balustre, à collerettes en porcelaine de Yokohama.

80 — Deux colonnettes en marbre.

81 — Deux aquarelles, par Léo.

82 — Deux chenets en cuivre poli, amours et chimères.

83 — Coupe, forme dite cratère, en bronze vert antique, sur socle en marbre.

84 — Garniture de cheminée en cuivre poli, composée d'une pendule et deux candélabres.

85 — Brûle-parfums tripode, en faïence de Satzuma, décoré de personnages ainsi que le couvercle.

86 — Autre brûle-parfums semblable.

87 — Deux statuettes bouddhiques en pierre de lard.

88 — Quarante-quatre statuettes, groupes et netskés en ivoire, représentant des personnages et des scènes de la vie japonaise.
Ce lot sera divisé.

89 — Sept cippes en ivoire, de proportions différentes, sculptés et gravés de scènes de la vie japonaise.
Ce lot sera divisé.

90 — Deux vases en marbre rouge. Travail chinois.

91 — Coupe en marbre. Travail chinois.

92 — Vase en marbre oriental.

93 — Pendule en argent ciselé, repercé, à parties émaillées et dorées. Reproduction de l'époque Louis XIII.

94 — Paire de cornes d'abondance, en argent émaillé ; elles sont supportées par des petits personnages debout sur des socles. Travail allemand dans le goût de XVIIe siècle.

95 — La Conversation, groupe en biscuit de Sèvres.

CHAMBRES A COUCHER

96 — Lit de milieu à grand et petit dossier,
Armoire à glace biseautée et à fronton,
Commode,
Table de nuit.
Cette chambre est marquetée en damier d'ébène et complètement incrustée de pièces d'ivoire gravées à la pointe, dans la manière de la Renaissance italienne.

97 — Autre chambre à coucher en acajou.

98 — Psyché en acajou.

99 — Autre chambre en pitchpin.

100 — Autre chambre en acajou.

TAPIS

101 — Grand tapis en Aubusson à décoration centrale et encadrements.

102 — Environ vingt tapis de Smyrne, d'Orient et de moquette française.
Ce lot sera divisé.

MEUBLES DIVERS

103 — Grand bureau en bois noir incrusté d'ivoir et de marqueterie de couleur.

104 — Cbeminée en onyx d'Algérie.

105 — Trois fauteuils, deux chaises, un divan, et trois coussins, couverts en cuir frappé.

106 — Petit guéridon en chêne et mosaïque.

107 — Gravures diverses.

108 — Deux machines à glacer, système Carré.

109 — Appareil à douches.

110 — Meubles divers : sièges, bureau de dame, tables, glaces, lampes, etc., etc.

111 — Batterie de cuisine.

112 — Débarras divers.

113 — Sous ce numéro, les objets omis au présent catalogue.